Selvas del mundo

Mary Kate Bolinder

Asesores

Doris Namala, Ph.D.
Profesora adjunta de historia
Riverside City College

Olivia Tolich
Experta en la materia, Grados K a 6
Pearson Australia

Brian Allman
Director
Escuelas del Condado de Upshur, Virginia Occidental

Créditos de publicación

Rachelle Cracchiolo, M.S.Ed., *Editora comercial*
Emily R. Smith, M.A.Ed., *Vicepresidenta superior de desarrollo de contenido*
Véronique Bos, *Vicepresidenta de desarrollo creativo*
Caroline Gasca, M.S.Ed., *Gerenta general de contenido*
Dani Neiley, *Editora*
Fabiola Sepulveda, *Diseñadora gráfica de la serie*

Créditos de imágenes: pág.6 Alamy/Ivan Sebbornl; pág.8 (inferior) Alamy/Pedro Helder; pág.10 Alamy/ Worldwide Picture Library; pág.11 (superior) Getty Images/Avalon; pág.11 (inferior) Alamy/Hemis; pág.12 (superior) Alamy/Universal Images Group North America LLC/DeAgostini; pág.12 (inferior) Alamy/Pulsar Imagens; pág.13 Getty Images/Joao Laet; pág.14 Joel Rogers (joelrogers.com); pág.15 (superior) Alamy/Friedrich von Hörsten; pág.15 (inferior) Getty Images/Cris Bouroncle; págs.16–17 Alamy/Ian Dagnall; pág.19 Alamy/Morley Read; pág.20 (superior) Alamy/BrazilPhotos; pág.23 Anadolu Agency; pág.25 (izquierda) Alamy/Mark Phillips; pág.25 (derecha) Alamy/Jeremy Sutton- Hibbert; todas las demás imágenes cortesía de iStock y/o Shutterstock

Library of Congress Cataloging-in-Publication Data

Names: Bolinder, Mary Kate, author.
Title: Selvas del mundo / Mary Kate Bolinder.
Other titles: Rain forests around the world. Spanish
Description: Huntington Beach,CA : Teacher Created Materials, Inc, 2024. | Includes index. | Audience: Ages 8-18 | Summary: "Explore rain forests around the world! Travel to the Amazon, the world's largest rain forest. Discover the natural wonders found there. Did you know that over half the world's plant and animal species live in rain forests? Find out more about rain forests, and learn how to protect and preserve these natural lands"-- Provided by publisher.
Identifiers: LCCN 2023036264 (print) | LCCN 2023036265 (ebook) | ISBN 9798765960417 (paperback) | ISBN 9798765970591 (ebook)
Subjects: LCSH: Rain forests--Juvenile literature. | Rain forest ecology--Juvenile literature.
Classification: LCC QH541.5.R27 B6518 2024 (print) | LCC QH541.5.R27 (ebook)
LC record available at https://lccn.loc.gov/2023036264
LC ebook record available at https://lccn.loc.gov/2023036265

En la portada se muestra una selva de Malasia.

TCM Teacher Created Materials

5482 Argosy Avenue
Huntington Beach, CA 92649
www.tcmpub.com

ISBN 979-8-7659-6041-7

Printed by: 51497
Printed in: China

Tabla de contenido

selva de Hoh, parque nacional Olímpico, Washington

Bienvenido a la selva

Hace calor y el aire es pegajoso. Los monos chillan en los árboles. Las aves graznan en lo alto. Oyes el zumbido constante que hacen las alas de los insectos. Los truenos retumban a lo lejos mientras unas gotas de lluvia caen sobre ti. Todo esto y mucho más es lo que sucede cada día en la selva.

Las selvas, también llamadas bosques lluviosos, existen en la Tierra desde hace más de 100 millones de años. Se encuentran en seis de los continentes del mundo. Son los **ecosistemas** más antiguos del planeta. Las selvas son extensiones de tierra diversas y frágiles. Más de la mitad de las especies animales y vegetales del planeta viven en ellas. Los árboles de las selvas proporcionan oxígeno y ayudan a regular el **clima** de la Tierra.

Es importante entender cómo crecen y cambian las selvas. La actividad humana las perjudica. La tecnología actual y las necesidades de la población son una amenaza para las selvas. Nosotros, los animales y el planeta las necesitamos para sobrevivir.

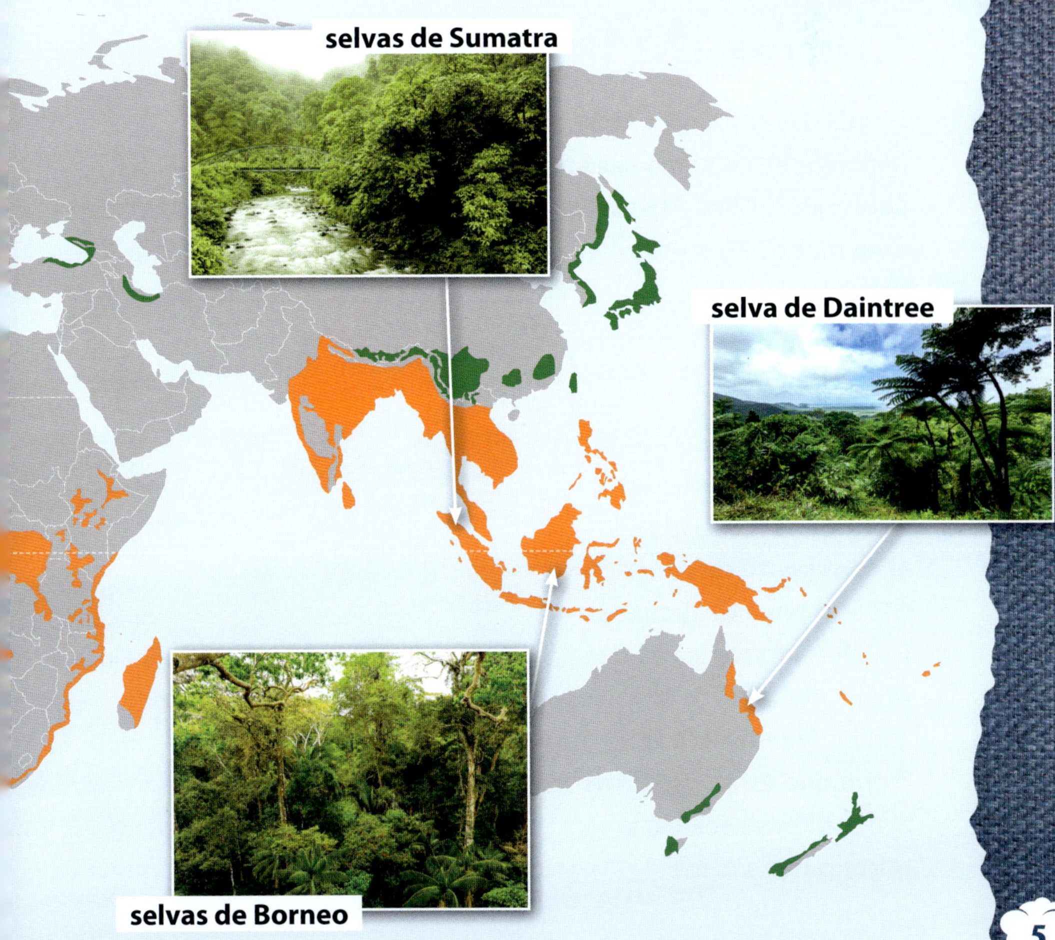

Catarata del Toro, Costa Rica

Climas de la selva

¿Cómo te imaginas que es el clima de la selva tropical? Si pensaste en un clima cálido y húmedo, ¡acertaste! En las selvas llueve muchísimo. Las selvas suelen encontrarse en lugares donde caen más de 70 a 100 pulgadas (178 a 254 centímetros) de lluvia al año, en promedio. En algunas estaciones llueve más que en otras.

La selva amazónica

La selva amazónica es la selva más grande del mundo. Está situada en el continente de América del Sur, cerca del ecuador. La selva amazónica es una selva tropical. Los **trópicos** son las regiones de la Tierra que están próximas al ecuador, ya sea hacia el norte o hacia el sur.

selva amazónica

En el Amazonas, el período con más lluvia se extiende de octubre a mayo. Llueve más de 200 días al año. A veces, llueve solo unos minutos. Pero algunas tormentas pueden durar horas.

La lluvia es esencial para la vida en el Amazonas. Millones de árboles, plantas y animales dependen del agua para sobrevivir. La mayoría de los árboles y las plantas del Amazonas son de hojas **perennes**. Los árboles de hojas perennes no pierden las hojas. Crecen durante todo el año. Necesitan un suministro constante de agua para crecer. Las personas y los animales del Amazonas también dependen del agua. Sin la cantidad suficiente de lluvia, la vida en la selva amazónica no sería posible.

Bosques templados

Las selvas tropicales no son el único tipo de bosque lluvioso. También existen los bosques **templados**. Allí hace mucho más frío y llueve menos que en las selvas tropicales. Los bosques templados no son tan espesos como las selvas tropicales.

Vida vegetal y animal

Las selvas se dividen en cuatro capas. La capa más alta es la capa emergente. Allí se encuentran las copas de los árboles más altos. En algunos casos, los árboles pueden alcanzar más de 200 pies (60 metros) de altura, aunque es poco frecuente. La mayoría de las copas de los árboles están en la siguiente capa, el dosel. La tercera capa es el sotobosque. Esta capa es más oscura porque los árboles que se encuentran por encima impiden que pase gran parte de la luz solar. Además, el sotobosque suele ser húmedo debido a la lluvia que se escurre entre los árboles. La lluvia también llega al suelo del bosque, que es la última capa. Tanto en el sotobosque como en el suelo del bosque hay vapor de agua y humedad.

En el Amazonas, la mayoría de los animales viven en el dosel. Allí se pueden encontrar tucanes de muchos colores, perezosos lentos y monos aulladores ruidosos. Estos animales comen las abundantes frutas y hojas que crecen en las copas de los árboles. Las mariposas y otros insectos, como los escarabajos, se alimentan del néctar de las flores. Los animales terrestres, como los jaguares y los tapires, viven en el suelo del bosque.

elefantes en la cuenca del río Congo

gorilas en la cuenca del río Congo

La segunda selva más grande del mundo se encuentra en la cuenca del río Congo. Está ubicada en África Central. Allí viven animales como gorilas, chimpancés y elefantes. Tienen su hábitat en las dos capas inferiores de la selva.

También hay grandes selvas en las islas de Borneo y Sumatra, en Asia. En ellas habitan orangutanes. Los orangutanes pasan la mayor parte del tiempo en los árboles del sotobosque. Para protegerse de los depredadores, se balancean entre los árboles con la ayuda de lianas y ramas.

¡Insectos inmensos!

En la selva amazónica hay muchísimos insectos que no habitan en ninguna otra parte del mundo. Un ejemplo es el escarabajo hércules. Es uno de los insectos más grandes del mundo. Puede medir hasta 7 pulgadas (17.8 centímetros) de largo. Es un escarabajo muy fuerte. ¡Es capaz de levantar hasta 850 veces su propio peso! Se alimenta de frutos y madera en descomposición que encuentra en el suelo.

Pueblos indígenas del Amazonas

En el Amazonas viven pueblos **indígenas** desde hace miles de años. Viven en pequeñas **tribus** repartidas por toda la selva. La selva les proporciona todo lo que necesitan para sobrevivir. Los indígenas construyen refugios con hojas y árboles. Usan fibras vegetales para hacer su ropa. Se alimentan de la gran cantidad de frutas y plantas que ofrece la selva. También cazan animales pequeños y pescan para alimentarse. Las plantas les proporcionan medicinas para las enfermedades. Las estimaciones varían, pero se cree que actualmente viven más de un millón de indígenas en el Amazonas.

Los cayapós

Los cayapós han vivido en armonía con la tierra durante generaciones. Usan un método de quema controlada para obtener tierras de cultivo fértiles. Los hombres talan y queman los árboles de una superficie pequeña. Las cenizas fertilizan la tierra. Las mujeres plantan cultivos de crecimiento rápido en el suelo enriquecido. Si la siembra, el **desmalezado** y la quema se realizan con cuidado, se puede cultivar la misma tierra durante varios años. Con el tiempo, el suelo puede perder nutrientes. Eso hace que sea más difícil mantener los mismos cultivos. Si eso ocurre, se pueden plantar otros cultivos. O se puede dejar la tierra sin cultivar para que las plantas que crecen naturalmente en la selva vuelvan a brotar.

Los jefes de distintas tribus cayapós se reúnen en Brasil.

Los cayapós también usan objetos modernos, como lanchas de motor, equipos de pesca y utensilios de cocina. Muchos usan ropa moderna, y también pintura corporal tradicional.

En el Amazonas, los indígenas despejan y queman la tierra con cuidado para tener lugar donde construir viviendas y sembrar cultivos.

Algunos pueblos indígenas han rechazado los ofrecimientos de establecer contacto con el mundo exterior.

Tribus aisladas

En el Amazonas aún hay muchas tribus que viven aisladas. Esto significa que no han entrado en contacto con la civilización occidental. O que han rechazado las propuestas de encuentro. La mayoría de estas tribus viven cerca de la frontera entre Perú y Brasil.

Dos hombres yanomamis navegan en canoa por la cuenca del Amazonas.

Los yanomamis

Los yanomamis son una tribu indígena. Viven en Brasil y Venezuela. Su civilización es similar a la de los cayapós. Uno de los cultivos que siembran es el tabaco. Viven en casas con techo de paja. Pero sus casas no son permanentes. Cuando el suelo que las rodea se desgasta, los yanomamis trasladan sus aldeas a otros lugares.

En la década de 1980, los mineros invadieron el territorio yanomami en busca de oro. Los yanomamis lucharon para proteger sus tierras. Muchos perdieron la vida. Otros murieron a causa de enfermedades traídas por los mineros. Los yanomamis siguen luchando para alejar a los mineros.

casa yanomami con techo de paja

Hombres cayapós protestan en Brasil contra la minería ilegal y la deforestación.

Tierras indígenas

Las tribus del Amazonas quieren proteger sus tierras. El gobierno ha otorgado protección a algunas partes de la selva. Sin embargo, en 2021, la **deforestación** alcanzó el nivel más alto de los últimos 15 años. Cada día se destruye más superficie de la selva amazónica. Muchas de las grandes empresas que operan en el área no siempre respetan las normas que protegen la selva. Se talan árboles. Las empresas mineras construyen carreteras y explotan minas sin autorización. Algunos grupos, como el Equipo de Conservación del Amazonas, ayudan a los indígenas a proteger sus tierras. Intentan que el gobierno y otros organismos cambien sus prácticas destructivas. Quieren proteger la tierra y evitar la deforestación. Ese tipo de protección ayuda a las tribus a preservar su modo de vida.

Protección de las tierras indígenas

En el año 2019, el pueblo huaorani de Ecuador presentó una demanda contra el gobierno de su país. El gobierno intentaba vender las tierras huaoranis a una gran empresa petrolera. Los huaoranis ganaron el juicio. Ahora, sus tierras y su modo de vida están protegidos.

La vida en las selvas del mundo

En otros bosques lluviosos del mundo también viven pueblos indígenas. Los científicos y los turistas forman parte de la vida en estas selvas. Muchas personas trabajan en ellas y las visitan.

La vida en el bosque de Hoh

El bosque de Hoh se encuentra en la península Olímpica, en el estado de Washington. Es un bosque templado. El suelo está cubierto de helechos y crece musgo sobre los árboles. Hay coníferas y árboles **caducifolios**.

El bosque de Hoh formaba parte de una cadena de bosques lluviosos. Esta cadena se extendía desde el sureste de Alaska hasta la costa central de California. En la actualidad, el bosque de Hoh es casi lo único que queda de esa cadena.

La tribu hoh es un grupo indígena que vive en la zona desde hace miles de años. Hoy, los miembros de la tribu hoh viven de la pesca y de la recolección de cangrejos y almejas. También son excelentes en la fabricación de cestas y la talla de madera.

La tribu hoh participa del Viaje Tribal en Canoa en Olympia, Washington.

pigmeos mbutis en la cuenca del Congo

La vida en la cuenca del Congo

La selva de Ituri se encuentra al noreste de la cuenca del Congo. Allí, desde hace casi 4,500 años vive un grupo de indígenas pigmeos llamados mbutis. Son una tribu nómada. Los mbutis construyen sus casas haciendo formas redondeadas con palos largos. Recubren estos domos con hojas grandes.

Los mbutis son cazadores-recolectores. Comparten el territorio con **agricultores** tradicionales. Comercian con ellos. Intercambian recursos de la selva por artículos que la tribu necesita. Algunos de esos artículos son cultivos, ropa y herramientas. Algunos mbutis optan por abandonar la selva. Se dedican a la agricultura o viven en aldeas fijas.

¡A la escuela!

No siempre hay carreteras que atraviesen las selvas o lleguen a ellas. Por eso, algunos niños que viven cerca de las distintas selvas del mundo van a la escuela de formas muy particulares. En Colombia, un pequeño grupo de niños atraviesa el dosel de la selva en tirolesa. Varios estudiantes de Indonesia caminan sobre una cuerda. Algunos estudiantes de Filipinas van a la escuela en bote.

parque nacional Daintree, en Australia

Los casuarios macho incuban los huevos y cuidan a los pichones.

Turismo en la selva

Personas de todo el mundo visitan las selvas cada año. Quieren saber cómo pueden ayudar a **conservar** la fauna y la flora de las selvas. Esta forma de viajar se llama **ecoturismo**.

A los turistas les gusta visitar la selva de Daintree, en Australia. Esta selva, que tiene unos 180 millones de años, es la más antigua de la Tierra. Los turistas la visitan para observar las plantas y los animales que viven allí. Algunas especies, como el árbol de los dinosaurios, existen desde hace más de 120 millones de años. ¡Esta especie ya existía cuando los dinosaurios poblaban el planeta!

Los guías ecoturísticos de la selva de Daintree les enseñan a los visitantes las costumbres de los kuku yalanjis, los indígenas que viven allí. Los guías explican cómo este pueblo aprovecha las plantas, los frutos y los animales para sobrevivir.

Desde arriba

Los científicos se esfuerzan por proteger los lugares que estudian. Tienen que observar el dosel de la selva, pero sin molestar a los seres vivos. Por eso, emplean distintos métodos para alcanzar las copas de los árboles. Observan la zona desde arriba en globos aerostáticos. En algunos lugares se han construido torres y pasarelas. Los científicos usan cuerdas y arneses para desplazarse de forma segura.

Científicos de la selva

En las selvas de todo el mundo trabajan científicos. En algunas, los científicos han creado reservas de la **biosfera**. Imagina que la biosfera es como una diana redonda. En el centro hay una zona llamada núcleo que se mantiene protegida de cualquier cambio. Los científicos la vigilan con mucha atención. El siguiente anillo se llama zona de amortiguamiento. Allí a veces se encuentran las tribus. Los científicos estudian este territorio y a sus habitantes. Aquí se capacitan y aprenden de sus investigaciones. Los turistas pueden visitar esta zona siempre que no interfieran con las observaciones. La siguiente zona es la zona de transición. Allí hay pueblos, granjas y carreteras. Al investigar en las distintas zonas, los científicos colaboran entre sí para buscar soluciones **sostenibles** que permitan a las personas vivir y trabajar cerca de las selvas.

Recursos de las selvas

Las selvas contienen muchos recursos que las personas necesitan. Aproximadamente el 20 por ciento del agua dulce del mundo corre por el río Amazonas. Esa agua también circula por sus **afluentes**. Las selvas proporcionan refugio, alimento y seguridad. Esto vale tanto para las personas como para los animales. Las personas consumen miles de recursos de las selvas de diversas maneras.

vainas de cacao

aguacatero de Hass

frutos de palma y aceite de palma

¿De dónde viene la fruta?

La próxima vez que vayas al supermercado, echa un vistazo al sector de frutas y verduras. Busca una fruta tropical y mira si tiene alguna pegatina. Por lo general, la pegatina indica dónde se cultivó la fruta. ¿De qué país proviene? ¿Es de un país que tiene selvas?

puesto de frutas tropicales

Frutas y plantas

En las zonas despejadas de la selva se cultivan algunos tipos de frutas. Esas frutas se consumen en todo el mundo. Los plátanos, los aguacates y los mangos se cultivan en selvas. También el café, el cacao y la vainilla. Los médicos y los científicos recurren a algunas plantas de la selva para uso medicinal. En las selvas se han identificado millones de especies de plantas. ¡Y aún quedan muchas por descubrir!

Recursos no renovables

máquina de extracción de oro en Ecuador

El Amazonas está lleno de **recursos no renovables**. Una vez que estos recursos se agotan, no pueden reemplazarse. Algunos de los minerales que se encuentran en el Amazonas no son renovables. Las menas de hierro y el cobre están enterrados a gran profundidad. El hierro se utiliza para fabricar acero. El cobre se usa en electrónica. También hay metales preciosos, como el oro. Con el oro se hacen joyas, dinero y obras de arte. Se han construido minas en las selvas para encontrar estos minerales y metales. Pero eso puede tener efectos negativos. A veces, la minería contamina los cursos de agua cercanos.

La agricultura en las selvas

El mundo moderno necesita alimentos, y esta necesidad ha provocado un aumento en la actividad agrícola que se realiza en las selvas. En el Amazonas, se talan árboles para dejar espacio a la agricultura y la ganadería. El ganado necesita grandes extensiones de terreno despejado para pastar. Las **plantaciones** de soja también ocupan gran parte de los bosques talados. La soja se cultiva para alimentar a los animales **domésticos**. De hecho, ¡los animales comen más soja que las personas! También se cultivan otros productos. En las selvas de América del Sur, África e Indonesia hay plantaciones de café y de azúcar.

plantación de soja en Brasil

hacienda ganadera en Brasil

represa hidroeléctrica en el río Pastaza, en Ecuador

Las selvas y la energía

El río Amazonas es uno de los ríos más largos del mundo. Se han construido muchas **represas** en los ríos más pequeños que se comunican con el Amazonas. La fuerza del agua se transforma en energía hidroeléctrica. Esta energía abastece a gran parte de Brasil. Este tipo de energía es renovable. Sin embargo, produce algunos inconvenientes. Si las represas no se manejan bien, pueden provocar inundaciones. Esto pone en peligro a los animales y a las personas de los alrededores. Las represas también pueden hacer que los ríos más pequeños se sequen.

Los árboles también son un recurso de la selva que se usa como fuente de energía. Sirven para obtener leña o carbón. En todo el mundo, esos materiales se emplean para calefaccionar los hogares y para cubrir otras necesidades energéticas.

¡Vaya, vaca!

Las vacas comen unas 20 libras (9 kilogramos) de alimento al día. Los ganaderos deben contar con un suministro de alimentos enorme para que todas sus vacas estén sanas y bien alimentadas.

Preservar las selvas

Cada año se talan miles de árboles. Se calcula que, en el año 2030, se habrá talado casi el 60 por ciento de los árboles del Amazonas. La tala se debe al crecimiento de la población mundial. Si la población aumenta, se necesitan más alimentos y agua. Los seres humanos precisan viviendas y combustible. A medida que aumenta la necesidad de espacio, desaparecen más árboles.

La deforestación

La deforestación consiste en eliminar árboles para darle a la tierra un nuevo uso. Los árboles de la selva se talan por muchas razones. Se talan para hacer lugar para haciendas ganaderas y plantaciones de aceite de palma. También, para aprovechar la madera. La tala hace espacio para minas, represas y carreteras. A veces, se pierden árboles por los incendios. La deforestación tiene muchos efectos negativos para las selvas y para el mundo. Puede causar sequías y frenar el desarrollo de las plantas. Puede causar la **erosión** del suelo. Esto puede provocar inundaciones. Con menos árboles, los animales pierden alimento y refugio. Muchos animales, como los orangutanes, están en peligro de extinción porque la deforestación destruye su hábitat poco a poco.

Existe un delicado equilibrio entre la protección y el uso de los recursos naturales. Los árboles son un recurso renovable. Se pueden volver a plantar. Pero la tala excesiva perjudica a la tierra. También perjudica a las personas y los animales que viven allí.

deforestación ilegal en el Amazonas

orangutanes en Sumatra, Indonesia

Hábitats que desaparecen

En las selvas de Indonesia viven tigres, rinocerontes, elefantes y orangutanes. Sus hábitats desaparecen cada vez más rápido. La selva se tala para establecer plantaciones de aceite de palma. Se calcula que actualmente queda en pie menos de la mitad de las selvas de Indonesia. Cada año se pierden cerca de 2.5 millones de acres (1.1 millones de hectáreas) de tierra.

Conservación

Los conservacionistas son personas que hacen todo lo posible para proteger los recursos naturales. Constantemente buscan formas de proteger las selvas. Observan las relaciones entre los seres humanos y las selvas. Intentan que esas relaciones sean más sostenibles. Algunos conservacionistas plantan árboles nuevos. Pero es un proceso lento. Los árboles tardan muchos años en volverse altos y fuertes, como solían ser. En todo el mundo hay organizaciones que se dedican a plantar árboles en las selvas. Quieren recuperar esos lugares.

Los conservacionistas también ayudan de otras formas. Algunos trabajan para que haya más zonas protegidas. Son zonas que, por ley, no pueden deforestarse. Los conservacionistas también ayudan a los animales. Algunas especies están en peligro de extinción. Corren el riesgo de desaparecer. Por eso, los conservacionistas las estudian. Protegen sus hábitats. Vigilan las especies hasta que su población aumenta.

Animales en peligro

En el Amazonas hay más de 2,000 animales en peligro de extinción. Entre ellos se encuentran los jaguares, los guacamayos y las ranas venenosas punta de flecha. Los científicos trabajan para proteger sus hábitats. Su objetivo es evitar que estos animales se extingan.

¿Cómo puedes ayudar?

Las personas de todo el mundo pueden ayudar a proteger las selvas. Pueden hacerlo usando menos recursos de las selvas. Por ejemplo, comiendo menos carne. También pueden evitar el uso de aceites de palma y de soja. Usar menos productos de papel también es una manera de ayudar. Investigar a las empresas antes de comprar sus productos es una estrategia útil. Algunas empresas fabrican sus productos de forma más sostenible que otras. Estas empresas suelen ser más respetuosas con el medioambiente. Algunas usan menos papel o cartón en los envases. O donan parte de sus ganancias para la protección de las selvas.

También hay muchos grupos conservacionistas a los que se puede apoyar. Se les puede donar dinero. Algunas personas prestan voluntariamente su tiempo para apoyarlos. También se puede mostrar apoyo a través de las redes sociales.

En todo el mundo las personas organizan protestas en defensa de las selvas.

La Tierra necesita las selvas

Las selvas de todo el planeta han crecido y cambiado en el transcurso de miles de años. El mayor peligro para las selvas se ha producido en el último siglo. La deforestación acelerada es una de las principales amenazas. Con el tiempo, ha provocado la reducción del tamaño de las selvas. Pero las selvas siguen siendo el hogar de diversos grupos de personas, animales y plantas. Quienes viven en las selvas o en sus alrededores necesitan que esos ecosistemas se preserven para mantener su modo de vida. En las selvas hay más especies de plantas y animales que en ningún otro lugar de la Tierra. Y en algunas selvas se descubren especies nuevas cada año. Entre los años 2014 y 2015, unos científicos realizaron un estudio en el Amazonas. ¡Encontraron una nueva especie de planta o animal cada dos días!

Los recursos naturales provenientes de las selvas se usan en todo el mundo. Los conservacionistas luchan por proteger las frágiles flora y fauna de la selva. Proteger y conservar las selvas es una forma de cuidar toda la vida en la Tierra. Además, las selvas ayudan a que el clima en la Tierra se mantenga estable.

Hacer pequeños cambios hoy, así como impulsar cambios a gran escala, puede ayudar a salvar las selvas para las generaciones futuras.

Esta selva de Malasia es arrasada para hacer espacio a las plantaciones de aceite de palma.

Jóvenes conservacionistas

Hay estudiantes en todo el mundo que colaboran para proteger las selvas. Envían cartas a los gobernantes y a las grandes empresas para fomentar el cambio. Algunas cosas tan sencillas como reducir, reutilizar y reciclar pueden tener un gran impacto en el clima y en el mundo.

¡Haz un mapa!

Las selvas son la fuente de muchos recursos naturales que los seres humanos necesitamos para sobrevivir y prosperar. Repasa en el libro los numerosos recursos que provienen de las selvas de todo el mundo. Con un compañero, escoge un continente y una selva. Luego, hagan un mapa de los recursos.

1. Escojan un continente: África, Asia, Oceanía, Europa, América del Norte o América del Sur. Luego, escojan la selva que van a representar en el mapa.
2. Dibujen o tracen un mapa de la selva en una hoja de papel. Incluyan todos los países que abarca la selva.
3. En el mapa sombreen la selva con un color claro y rotúlenla.
4. Hagan pequeños gráficos que representen lugares y recursos importantes de la selva. Por ejemplo, podrían dibujar un plátano si crecen plátanos en la selva escogida.
5. Creen una clave del mapa con los gráficos que dibujaron y rotúlenlos.
6. Compartan su mapa de recursos con la clase.
7. **Actividad extra**: Con tu compañero, responde las siguientes preguntas en el reverso del mapa: ¿Cuáles son los recursos más importantes que se deberían conservar? ¿Qué recursos podríamos consumir menos y por qué?

parque nacional Daintree

CLAVE DEL MAPA

parque nacional Daintree

plátanos

Centro de Descubrimiento de Daintree

Glosario

afluentes: ríos que desembocan en un río mayor

agricultores: personas que producen cultivos

biosfera: la zona de la Tierra donde hay vida

caducifolios: árboles cuyas hojas caen cada año y vuelven a brotar

clima: las condiciones atmosféricas de un lugar o de una región

conservar: ahorrar o usar menos

deforestación: la acción de talar todos los árboles de una zona

desmalezado: la acción de quitar las malezas de un terreno

domésticos: criados con el ser humano y que viven en granjas o como mascotas

ecosistemas: grupos de seres vivos y elementos no vivos que forman medioambientes y se afectan mutuamente

ecoturismo: una forma de turismo que tiene en cuenta la protección del entorno natural

erosión: el proceso de desgaste de la tierra por fuerzas naturales, como el hielo o el agua

indígenas: procedentes u originarios de una zona determinada

perennes: con hojas que permanecen verdes durante todas las estaciones del año

plantaciones: grandes superficies en las que se cultivan productos agrícolas

recursos no renovables: recursos naturales que no pueden reemplazarse

represas: grandes muros o barreras que retienen el agua

sostenibles: que pueden mantenerse sin dañar el medioambiente

templados: relativos a zonas o climas con temperaturas moderadas

tribus: grupos de pueblos indígenas formados por muchas familias y parientes que comparten la misma lengua y las mismas costumbres y creencias

trópicos: regiones del mundo cercanas al ecuador, donde el clima es muy cálido

ruinas de Tikal en la selva de Guatemala

Índice

¡Aprende más!

Marina Silva es una activista y política que creció en la selva amazónica. A los 16 años, aprendió a leer y a escribir. Fue la primera de su familia en hacerlo. Silva encabezó protestas pacíficas contra la deforestación. Reclamó la protección de las tierras de las comunidades indígenas. Fue la persona más joven de Brasil en ser elegida senadora. Durante su carrera, su misión ha sido proteger las selvas. También defiende a sus habitantes.

- Investiga la vida de Silva y los sucesos que la llevaron a ser activista por el cambio ambiental.
- Haz una línea cronológica que muestre sucesos importantes de la vida de Silva.
- Incluye al menos 10 sucesos en la línea cronológica. Empieza en la infancia de Silva y termina en la actualidad.

manglares en el Amazonas